AU POUSSIN.

ÉLOGE

DE
NICOLAS POUSSIN,

PEINTRE ORDINAIRE DU ROI.

Discours qui a remporté le Prix à l'Académie
Royale des Sciences, Belles-Lettres &
Arts de Rouen, le 6 Août 1783.

Lû à l'Assemblée de l'Académie Royale de Peinture &
Sculpture, au Louvre, le 4 Octobre suivant.

*Par M. Nicolas Guibal, ancien Pensionnaire
du Roi, premier Peintre & Directeur de la Galerie
du Duc de Würtemberg & Teck, &c. &c. &c.*

A PARIS,

DE L'IMPRIMERIE ROYALE.

M. DCCLXXXIII.

A MONSIEUR

LE COMTE

DE LA BILLARDERIE

D'ANGIVILLER,

Conseiller du Roi en ses Conseils, Mestre-de-camp de Cavalerie, Chevalier de l'Ordre royal & militaire de Saint-Louis, Commandeur de l'Ordre de Saint-Lazare, Intendant du Jardin du Roi en survivance, Directeur & Ordonnateur général des Bâtimens de Sa Majesté, Jardins, Arts, Académies & Manufactures royales ; Gouverneur de Rambouillet, de l'Académie Royale des Sciences.

MONSIEUR,

PERMETTRE que l'Éloge du Poussin paroisse sous vos auspices,

c'eſt lui aſſurer un plein ſuccès : vous
le dédier eſt un hommage qui eſt dû
au Protecteur des Arts , dont les
opérations bienfaiſantes ont fixé la
reconnoiſſance de la Nation & l'ad-
miration des Étrangers.

Je ſuis avec un profond reſpect,

MONSIEUR,

Votre très-humble &
très-obéiſſant ſerviteur,
N. GUIBAL.

ÉLOGE

DE

NICOLAS POUSSIN *(1)*.

L'HOMME s'éveille *(2)*; quel magnifique
spectacle va s'offrir à ses yeux ! L'aurore
commence à dorer le sommet des mon-
tagnes, & donne à chaque objet la couleur
qui lui est propre & qui les distingue les
uns des autres : mais bientôt des faisceaux
de lumière viennent les frapper vivement,
& montrer au Spectateur toute la richesse,
toute la variété que le Créateur a mises
dans ses ouvrages : alors l'enthousiasme le

A iij

faifit, il fe profterne , dans un profond filence , & fon adoration eft pure & fincère. Dans ce moment délicieux, fon imagination s'enflamme, & préfente à fon efprit tous les fites, toutes les productions que chaque partie du monde, que chaque climat renferme. Rien n'échappe aux yeux de l'Obfervateur Philofophe : ici, c'eft un torrent qui, tombant avec fracas du haut des rochers , entraîne & roule dans fes flots écumeux les pierres & les arbres qu'il a détachés ; mais qui , après un cours rapide & tortueux , devenant infenfiblement plus tranquille, s'écoule paifiblement au travers d'une plaine fleurie qu'il ferti-life ; fes rives font bordées d'arbres & de fleurs qui fe reproduifent dans fon onde argentine. Les troupeaux bondiffent , & le Berger fait retentir les échos de fon chalumeau.

Une jouiffance vive & pure remplit l'ame de l'Obfervateur, il admire l'horizon terminé par de riches côteaux & des bois délicieux confacrés à Diane ; c'eft dans ces retraites charmantes que la Déeffe & fes

(7)

Nymphes pourſuivent les bêtes fauves qui tombent ſous leurs traits lancés avec tant d'adreſſe : c'eſt dans ces lieux écartés , à l'ombre d'un chêne majeſtueux, que les Naïades ont préparé le bain. Diane qui ſe croit ſeule, ſans autre voile que celui de la pudeur, s'y plonge ; & l'Amour caché ſourit malignement en penſant à Endimion : détourne les yeux, fuis téméraire Actéon ; mais il n'eſt plus temps, & tes chiens s'élancent ſur leur proie.

Tout dans ce riant payſage eſt en mouvement : le Moiſſonneur vigilant dépouille les champs des dons de Cérès, tandis que le robuſte Laboureur déchire avec le ſoc les entrailles de la terre qui doit bientôt, par de nouvelles moiſſons, le récompenſer de ſes travaux : les dons de Bacchus & de Pomone mûriſſent, & flattent le Cultivateur d'une abondante récolte.

Mais des beautés d'un autre genre s'offrent à ſes regards, c'eſt une ſolitude où règne un profond ſilence qui inſpire l'effroi ; la terreur augmente encore par le ſifflement horrible des vents impétueux qui emportent le nuage; en le déchirant, ils lui donnent succeſſivement, & avec la plus grande rapidité; mille formes différentes, dont les extrémités frappées d'un rayon de lumière qui s'échappe des ténèbres, ſont tout-à-coup colorées d'or & de pourpre; mais la mer s'enfle, les flots s'agitent avec fureur & font craindre au Navigateur un naufrage, dont toute l'adreſſe du Pilote ne peut le ſauver : ſon vaiſſeau, jeté avec impétuoſité ſur les rochers, ſe briſe, & les richeſſes qu'il a été chercher ſous un autre hémiſphère ſont englouties pour jamais. Le Spectateur effrayé voit, avec la plus vive douleur, le Paſſager pâle & tremblant qui fait tous ſes efforts pour ſe garantir d'une mort certaine : il regarde, avec une eſpérance mêlée de crainte, pluſieurs barques ſe détacher du rivage, affronter les plus grands dangers pour ſauver le Matelot extenué de fatigue; enfin ces malheureux, prêts à expirer, ſont portés ſur le ſable. Leurs différens groupes forment le ſpectacle le plus attendriſſant & le plus varié, tant par les vêtemens des Nations diverſés répandues ſur le port, que par les secours de toute espèce qu'on porte à ces infortunés *(3)*.

Mais qui peut exprimer combien l'étonnement de l'Observateur redouble, lorsque jetant les yeux sur une toile animée par la Peinture, il y voit la représentation fidèle de tout ce que la Nature vient d'offrir à ses regards! Tout-à-coup transporté hors de lui-même, il s'écrie, ô Peinture, Peinture, par quel enchantement subjugues-tu mes sens! la magie de ton pinceau opère ce miracle; mais il reste immobile à la vue d'un tableau d'histoire : quoi, dit-il, cet Art sublime n'est pas borné à une simple & servile imitation des corps! il peut encore, par un feu tout divin, mettre en mouvement nos passions! il fait animer les figures qu'il a créées! il fait empreindre sur leurs physionomies le caractère juste des différentes émotions de l'ame! tout pénétré de ce prodige, il reçoit avec reconnoissance les leçons de cette poësie muette, mais frappante; & il se trouve anéanti ou élevé selon ses vertus ou ses vices *(4)*. C'est dans ce moment, que plein de respect pour

le génie créateur de l'Artiste, il se plaît
à lui accorder les louanges que méritent
ses savantes productions; mais il détourne
avec mépris la vue de ces tableaux licen-
tieux que les bonnes mœurs condamnent.
Il s'écrie de nouveau, ô Peinture, Peinture,
puisses-tu jamais ne t'avilir par un travail
que tu n'oses avouer! respecte la noblesse
de ton emploi, & que de concert avec la
divine Poësie, tu enseigne constamment
l'amour de la vertu & l'horreur du vice.
Jouis, ô fille du Ciel, de toute ta gloire,
mais ne la ternis pas par des ouvrages in-
dignes de toi!

Mais quel génie, quel talent, quelles
immenses connoissances ne doit pas avoir
l'homme courageux qui entre dans cette
carrière si difficile à parcourir, pour mériter
la couronne que la postérité décerne à ceux
qui s'y distinguent! quelle étude profonde
ne doit-il pas faire du cœur humain pour
en fonder tous les replis & en tracer toutes
les affections! quel travail continuel & suivi
pour parvenir à écrire sur la toile les mou-
vemens expressifs de l'ame dans les diffé-

rentes paſſions qui l'agitent! le mécaniſme
ſeul de l'exécution eſt effrayant par les
difficultés qu'il faut vaincre pour le poſ-
ſéder parfaitement. Quelles réflexions ne
doit - il pas faire continuellement ſur les
différentes parties de ſon Art! invention,
ordonnance, deſſin, coloris, clair - obſcur,
coſtume, & ſur-tout l'expreſſion vraie de
la Nature, ſi rare & ſi difficile dans l'imitation. Je le répète, il faut un courage à
toute épreuve pour vaincre les obſtacles
que le Peintre rencontre à chaque pas, s'il
veut ſe diſtinguer dans ſa profeſſion. Loin
de nous ces Peintres mercénaires, qui
courant après la fortune, ſe contentent de
tout ce qu'ils font ſans peine & ſans étude,
& qui, par la ſéduction d'un mélange brillant
de couleurs, ſans harmonie, éblouiſſent des
yeux qui ne voient pas; leurs productions
ſont ſemblables à ces globes de ſavon qu'un
enfant fait ſortir du bout de ſon chalumeau,
ſur leſquels les couleurs éclatantes de l'arc-
en-ciel ſont réfléchies, mais qui ſont briſés
par le moindre choc & diſparoiſſent pour
jamais.

Tous les citoyens amateurs du vrai beau, gémiſſent de l'oubli où la Peinture dramatique eſt tombée en France, depuis qu'on lui a ſubſtitué ces jolies choſes qui ne parlent qu'aux yeux, & dont le brillant coloris, une exécution facile & légère, font preſque tout le mérite ; c'eſt dans ces ſortes de morceaux, véritablement ſéduiſans, que la Peinture ne paroîtra qu'un Art agréable *(5)*; mais conſidérée ſous ſon vrai point de vue, c'eſt un Art utile, & d'autant plus utile, que les leçons qu'il nous donne ſont à la portée de tout le monde : un coup-d'œil ſuffit pour les comprendre ; l'homme le plus ſtupide comme celui qui a le goût le plus exquis, jouit également de l'inſtruction & du plaiſir que cet Art enchanteur nous fait goûter : O vous, Grands de la terre, encouragez donc par les honneurs & par les récompenſes, un Art qui a tant de pouvoir ſur le cœur humain ! eſt-ce par l'aſcendant trop puiſſant de la mode, que vous avez banni de vos cabinets les tableaux qui ennobliſſent les grandes & belles actions, pour y ſubſtituer l'aile d'un papillon bien imitée, & la feuille d'une rofe chargée d'une goutte d'eau ! ôtez-leur la première place, craignez-vous d'être humiliés par la vue de ces chefs-d'œuvres, que la Peinture, appuyée fur l'hiftoire, & foutenue des ingénieufes fictions de la Poëfie vous préfente ! *ôtez d'ici ces magots (6)*, difoit Louis XIV, en voyant dans fes appartemens un tableau de Teniers, fi préconifé aujourd'hui : parole mémorable qui montre la grandeur & la nobleffe des fentimens de ce Prince, adorateur du vrai beau dans tous les genres; auffi quelle foule d'hommes célèbres ont illuftré fon fiècle! mais il revient ce fiècle brillant qui a mérité à Louis XIV le furnom immortel de *Grand :* le front ceint de laurier & d'olivier, le jeune Héros qui nous gouverne & qui nous rend heureux, vient d'ordonner à un Miniftre auffi intelligent que vigilant, de raffembler dans la grande galerie du Louvre, fa riche collection de Peinture, jufqu'à préfent éparfe & prefque ignorée (7) : c'eft dans ce précieux dépôt que toutes les claffes de citoyens iront admirer l'Art & profiter des utiles leçons qu'il donne.

Une célèbre Académie promet une couronne à celui qui parlera le plus dignement des vertus & des talens du Pouſſin : je viens auſſi préſenter, d'une main timide, la guirlande que je lui ai préparée ; les fleurs qui la compoſent ne ſeront point flétries par une critique dictée par l'amour-propre : je ne chercherai pas non plus à rehauſſer le brillant de leur couleur par un enthouſiaſme aveugle, enfant difforme de la paſſion : la vérité dicte, & j'écris.

Pluſieurs villes de la Grèce ſe ſont diſputé l'honneur d'avoir donné naiſſance à Homère ; les Andelys ſont illuſtrés par celle du Pouſſin (en 1594) ; & la Normandie, d'où ſont ſortis tant de grands hommes en tous les genres, ſe glorifiera toujours de le compter au nombre de ſes citoyens. Minerve, comme Déeſſe de la Sageſſe & comme Déeſſe des Arts, préſida à la naiſſance du Pouſſin ; auſſi dès ſon enfance il eut un penchant pour la Peinture, que les contradictions de ſes Parens & de ſes Maîtres ne firent qu'augmenter. Le génie ne se laisse pas asservir, c'est de tous les êtres celui qui est vraiment libre, même sous le joug de l'esclavage.

Sa famille étoit de noble origine, mais n'avoit point de fortune. Le Poussin maîtrisé par un penchant insurmontable, encouragé à le suivre par le Peintre Quintin Varin, s'adonne entièrement à l'étude d'un Art pour lequel il est né ; mais sentant bien qu'il ne peut le cultiver dans sa patrie, il s'échappe des bras paternels & vole à Paris. Là, sans appui & sans connoissance, il se croit heureux d'entrer dans l'École de Maîtres médiocres, qu'il quitte presque aussitôt. Plusieurs grands Peintres ont eu le même sort d'être tombés entre les mains de l'ignorance pour recevoir les premières instructions ; mais le génie ne se trompe pas, encore qu'il n'aperçoive d'abord que confusément l'objet qui l'attire; de même que la vigilante abeille décrit par son vol léger plusieurs cercles dans une prairie émaillée de fleurs, avant de s'arrêter sur celle dont elle doit composer son miel, tel le Poussin promène ses regards inquiets fur tout ce qui l'environne, & refte encore incertain du choix qu'il doit faire; mais des eftampes de Raphaël & de Jules Romain qu'il voit, décident dans un moment du genre de fes études : il eft fixé. L'éclair parcourt avec moins de rapidité l'efpace qui fépare les Pôles, que la vûe perçante du jeune Artifte n'aperçoit au travers de ces traductions des ftatues grecques, la Beauté fublime de ces chefs - d'œuvres antiques, échappés à la fureur des Barbares. Alors il ne refpire plus que pour tâcher d'égaler; que dis-je! de furpaffer, s'il eft poffible, ces admirables modèles; mais courbé fous ce joug pefant du befoin, il rencontre obftacle fur obftacle; tout femble s'oppofer à fes defirs : cependant rien ne le décourage; plein de ce feu divin, don précieux de Minerve, il ne s'aperçoit pas de la pauvreté à laquelle il eft en proie, il ne voit que la gloire, il ne vit que pour elle.

O vous, jeunes Élèves, qui fans réflexion êtes entrés dans la carrière des Arts, foyez bien perfuadés que fans une perfévérance à toute épreuve, vous refterez

toujours

toujours loin du but , perdus dans la foule de ces génies froids & languissans , qui croient être Peintres parce qu'ils emploient des couleurs. Consultez donc bien sérieu-sement vos forces avant de vous présenter au combat , & abandonnez plutôt une profession qui n'admet point de médiocrité, que de ne pas vous y distinguer.

Le Poussin , toujours assailli par la né-cessité de pourvoir aux besoins les plus pressans , crut voir une lueur d'espérance dans les secours que lui donna un jeune Gentilhomme , & dans les promesses qu'il lui fit de l'occuper à peindre dans son château : il se flattoit de pouvoir , par ce moyen , faire le voyage de Rome où ten-doient tous ses desirs. Il quitte Paris , il suit son Protecteur en Poitou ; mais à son arrivée toutes ses espérances s'évanouissent ; méprisé même dans cette maison (8) , où on l'occupoit à d'autres ouvrages qu'à la Pein-ture ; il en sortit manquant de tout, obligé de travailler pour vivre , à peine peut-il se procurer le plus nécessaire : il veut re-gagner Paris ; mais exténué de fatigue ,

B

foible , languiſſant , il s'y traîne avec peine, & de-là il ſe rend chez ſon père pour y chercher des ſecours qu'il eſt hors d'état de ſe donner. Les tendres ſoins de ſes parens, le repos, une nourriture meilleure lui rendent la ſanté : dès qu'elle eſt affermie , il repart pour Paris; c'eſt dans ce temps qu'il fit deux tentatives inutiles pour aller à Rome *(9)* ; des obſtacles qu'il ne put ſurmonter, l'obligèrent de retourner en gémiſſant du malheur qui le pourſuivoit, mais qui ne put jamais l'abattre ; la gloire qu'il ne perdoit pas de vue, ſoutenoit ſon courage.

Il commence à donner des preuves des grands talens qui doivent un jour le placer au premier rang, & les tableaux en détrempe qu'il fit pour les Jéſuites , quoique faits avec une promptitude étonnante, furent jugés les meilleurs, & ſes concurrens s'avouèrent vaincus. Son génie de feu ne lui laiſſe point de repos, & plus Rome ſemble s'échapper à ſes deſirs , plus ils deviennent vifs & impétueux pour s'y rendre. Il avoit déjà vu Florence ; qu'on juge de

fa douleur & des angoiffes dans lefquelles
il étoit : il avoit vu les chefs-d'œuvres de
cette première École de la Peinture, il
eft à la porte de Rome, & il faut encore
céder au deftin jaloux qui le perfécute, &
revenir en France. Arrivé à Paris, il eut
le bonheur de faire connoiffance avec le
Marini dont l'amitié lui fut fi utile ; c'eft
dans les entretiens favans de ce Poëte qu'il
acquit ces connoiffances fi néceffaires pour
un Peintre d'hiftoire ; il compofoit d'après
les programmes qu'il lui donnoit, il s'appliquoit avec une ardeur fans égale à lire,
à méditer les Auteurs Grecs & Latins.
Cette étude lui donna une connoiffance
profonde des mœurs, des ufages de la
religion, & fur-tout du coftume des anciens
Peuples ; fans ces connoiffances mifes en
pratique, la Peinture ne préfente que
des énigmes & des tableaux ridicules,
quelque mérite qu'ils aient d'ailleurs : aucun
Peintre n'a égalé le Pouffin dans cette
partie de fon Art. Cependant tous les
jours fon goût s'épuroit de plus en plus ;
la lumière de la Philofophie fe répandoit

dans ſes ouvrages , & donnoit la vie à ſes compoſitions.

On n'avoit pas alors à Paris *(1 0)* les reſſources pour l'étude de la Peinture & de la Sculpture qu'on y trouve depuis l'établiſſement de l'Académie royale , & que la magnificence de Louis XIV fit venir d'Italie les plâtres moulés ſur les ſtatues antiques, qu'on y a dépoſés ; il falloit néceſſairement que ceux qui vouloient pro-feſſer ces Arts ſi difficiles , allaſſent étudier en Italie. Le Pouſſin, comme je l'ai déjà remarqué , avoit deux fois inutilement entrepris ce voyage. Je réfléchis combien la prévoyance des hommes ſe perd dans la combinaiſon des évènemens : lorſque les Romains enlevoient à la Grèce les monu-mens de ſa gloire , qui pouvoit prévoir qu'en les ſauvant de la fureur de ces Con-quérans barbares , qui n'ont jamais connu que l'art inhumain de la dévaſtation, c'étoit pour nous les conſerver ! Le Marini, obligé de retourner à Rome, voulut emmener le Pouſſin avec lui , mais des engagemens qu'il avoit pris pour quelques ouvrages ,

lui firent refufer les offres de cet Ami
généreux. Ah ! que le Pouffin me paroît
refpectable dans cette circonftance , de
pouvoir vaincre fon plus cher penchant
pour ne pas manquer à fa parole, mais
une probité inaltérable fut toujours la bafe
des actions de ce Peintre vertueux. Enfin
le fort fe laffa de contrarier fans ceffe les
vœux du Pouffin : il part & arrive à Rome.
C'eft à vous , Artiftes laborieux, qui ,
pouffés par le noble défir de vous inftruire,
franchiffez les monts pour vous rendre dans
cette fuperbe ville , c'eft à vous à fentir
la joie dont ce grand homme s'enivra en
voyant les beautés que la Peinture, la
Sculpture & l'Architecture y préfentent de
toutes parts : il croit , dans fon ivreffe, en
être poffeffeur ; fa joie augmente encore
en retrouvant à Rome le Marini, que la
mort lui enlève bientôt après. Mais ce
digne Ami le recommanda en mourant à
quelqu'un qui fut lui ménager les bonnes
grâces du Cardinal Neveu ; cette protec-
tion fembloit lui promettre le plus heureux
fuccès, mais ce Cardinal étant obligé de

partir de Rome pour les intérêts du Saint-Siége , le Pouſſin ſe trouva de nouveau replongé dans le plus pitoyable état, ſans ſecours, ſans connoiſſances. Luttant continuellement contre l'infortune, il fut réduit dans une extrémité difficile à concevoir. Il étoit obligé de donner ſes ouvrages pour un prix ſi modique, qu'à peine les couleurs qu'il employoit étoient payées. Quelle humiliation ! ſon goût, dit-on, ne plaiſoit pas *(11)* : o Dieu ! le goût du Pouſſin ne pas plaire ! & où ne plaiſoit-il pas ! A Rome ; on n'y connoiſſoit donc plus le beau ! mais tel eſt le pouvoir de l'opinion, tout cède à ce deſpote , au moins pour un temps, mais à la fin la vérité triomphe & l'erreur diſparoît.

Le Pouſſin, dont l'ardeur pour l'étude augmentoit de jour en jour, s'aſſocie à deux excellens Sculpteurs , l'Algarde & Lekenoi *(12)*, connu ſous le nom de *François Flamand;* ces trois hommes, ſincèrement unis par l'envie de ſe perfectionner, étudient enſemble les beautés des antiques. Le Pouſſin ne ſe contentoit pas de les deffiner , il les modeloit pour mieux connoître la beauté des formes, l'élégance & la fineffe des contours, la juftefe des proportions ; il n'oublioit & ne négligeoit rien. Par les fecours mutuels que ces trois Artiftes fe prêtent , par les avis fincères qu'ils fe donnent réciproquement , par les réflexions qu'ils fe communiquent fur le beau idéal , ils avancent à pas de géant dans la carrière qu'ils parcourent.

Le Pouffin , folitaire au milieu de Rome, méditoit continuellement fur le beau & le fublime de la Peinture, il favoit le faifir avec un jugement exquis , rien ne lui échappoit ; voyoit-il un grouppe de per-fonnes difpofées artiftement par la Nature, des arbres , des terraffes , des amas de nuages bien contraftés , auffitôt, par un croquis auffi prompt que favant, tout étoit calqué dans un Livre qu'il portoit tou-jours fur lui, & qui lui fervoit comme de répertoire des objets qui l'avoient frappé (13). Il s'appliquoit à tous les genres d'études relatifs à la Peinture; Géo-métrie , Perfpective linéale & aérienne,

Anatomie, il connoiſſoit la néceſſité abſolue, de toutes ces Sciences , & il s'y rendit ſavant. La vivacité de ſon imagination , toujours ſoumiſe à la raiſon , lui fit rejeter tous ces faux-brillans qui ſéduiſent les ſens, mais que la raiſon condamne, ſur-tout cette abondance vraiment ſtérile, lorſqu'elle eſt produite aux dépens du jugement. Il étudioit à Saint - Grégoire ſur le mont Célius , & faiſoit remarquer aux jeunes Peintres , qui étudioient dans la même chapelle , les beautés réelles du Dominiquin , de celles qui , par une apparence trompeuſe , ſéduiſent dans les ouvrages du Guide *(14)*. Mais quelle retenue , quelle candeur il mettoit dans ſes obſervations ! Tout ce qu'il diſoit étoit dicté par la juſtice , ſoutenue d'une parfaite connoiſſance des principes & des beautés de l'Art qu'il profeſſoit. La vérité frappe : auſſi tous les jeunes gens qui l'écoutoient revinrent à ſon avis.

Le Pouſſin toujours ignoré , & ne faiſant aucune de ces démarches ſi familières aux Artiſtes médiocres , vivoit content. Le

Chevalier del Pozzo , dont il avoit fait la connoiſſance , le préſenta de nouveau au Cardinal Barberin. Del Pozzo , Amateur généreux des Beaux-arts , & dont l'amitié , auſſi vive que ſincère , étoit précieuſe pour le Pouſſin , puiſqu'elle lui procuroit la jouiſſance de toutes les beautés que renfermoit ſon Cabinet : Médailles , Livres, Eſtampes , Deſſins , tout étoit étudié , & cette étude , ſoutenue des ſavantes converſations du Chevalier , faiſoit les délices du Pouſſin ; cet Ami lui procura la lecture des Écrits de Léonard de Vinci , qu'il lut & médita avec une attention particulière.

La réputation de cet excellent Peintre commençoit à percer ; elle fut fixée par les ouvrages qu'il fit pour ce Cardinal , entre leſquels on diſtingue le fameux tableau de la mort de Germanicus , dont je parlerai plus amplement dans la ſuite. La ſcène change enfin , & les yeux juſqu'alors fermés par le préjugé, s'ouvrent ſur le mérite éminent du Pouſſin ; déjà on recherche de toutes parts ſes Ouvrages , & les Amateurs rougiſſent de l'avoir méconnu &

négligé. C'eſt alors qu'il eut occaſion, dans
des ſujets auſſi nobles que bien choiſis,
de déployer toute la puiſſance de la Peinture dramatique, puiſſance qu'aucun Peintre
n'a ſu mettre en action mieux que lui.
Et qui a poſſédé, comme ce célèbre Peintre
cet Art ſi difficile, & aux règles duquel
tant de bons Peintres ont manqué ; je
veux dire ce talent de s'arrêter au but,
cette juſteſſe dans la quantité & dans la
qualité des objets qui entrent dans la com-
poſition d'un tableau, qui, ſoutenus les
uns par les autres, produiſent l'effet qu'on
doit en attendre ! C'eſt cette convenance
ſi néceſſaire qui ravit le Spectateur intelligent, & qui le force malgré lui à verſer
des larmes à la vue d'un tableau fait pour
en arracher ; c'eſt cette ſavante combinaiſon
de toutes les parties de l'ordonnance qui
répand dans ſon ame la joie & la gaieté,
en voyant ces Bacchanales (15), où le
Pouſſin a ſi bien peint le déſordre de ces
fêtes. Je le répète, la Peinture exerce ſur
notre cœur un pouvoir auquel nous ne
pouvons pas réſiſter. Jetez les yeux ſur ce

Conquérant orgueilleux , deſtructeur de l'empire des Perſes, voyez couler ſes larmes devant le tableau repréſentant Palamède condamné par ſes Amis ; il eſt déchiré de remords en penſant au traitement qu'il a fait à Ariſtonicus. Quelle éloquence ! elle nous aſſervit & nous tranſporte hors de nous-mêmes , c'eſt l'effet d'un coup-d'œil. Voyez cette Courtiſane qui , ſouillée de vices , épuiſe toutes les reſſources du libertinage dans la joie d'un feſtin , entourée de ſes Amans , le plaiſir brille dans ſes yeux, elle les porte par mégarde ſur un tableau , ſes larmes coulent , elle s'échappe des bras de la débauche , elle devient vertueuſe.

L'Hiſtoire fourmille de ces exemples , & le Pouſſin reſte inconnu ! lui , ce Peintre ſavant & Philoſophe , lui qui , s'il fût né dans les beaux temps de la Grèce , eût entraîné tous les ſuffrages , ou les auroit du moins partagés avec les célèbres Artiſtes de ces ſiècles brillans. O mes compatriotes, réparons, par nos hommages envers ce grand homme , l'injuſtice de nos Pères ! Et toi, digne Citoyen (16), reçois ici, par ma voix, le tribut de reconnoiſſance que ceux qui ont le bonheur de connoître le mérite du Pouſſin, te doivent pour le monument que tu viens de lui élever dans le Panthéon.

La réputation du Pouſſin, ſemblable à un fleuve majeſtueux, long - temps reſ-ſerré entre ſes bords eſcarpés, ſort enfin de ſon lit, & inonde tous les environs; telle la renommée avoit porté ſon nom au-delà des Monts, & tout Paris deſiroit de ſes ouvrages; il recevoit des commiſſions d'Eſpagne, de Naples, mais ſon Ami del Pozzo l'occupoit; il étoit reconnoiſſant (17); tous les grands hommes le ſont, il travailloit pour lui préférablement à tout autre; il ſavoit mettre toute la grâce poſ-ſible à lui témoigner ſa gratitude par l'em-preſſement avec lequel il ſaiſiſſoit toutes les occaſions de lui faire plaiſir; c'eſt pour cet illuſtre Ami qu'il peignit les ſept Sa-cremens (qu'il a répétés depuis), tableaux ſublimes qu'il a traités avec toute la dignité poſſible & néceſſaire pour inſpirer la véné-ration la plus profonde & la plus recueillie.

Quelle variété ce ſavant Peintre a ſu

mettre dans fa touche ! elle étoit toujours différente felon les fujets, elle étoit (fi j'ofe hafarder cette expreffion) dévote, galante, héroïque & même furieufe. Quelle eft délicate & ferme dans fes beaux payfages qu'il a fu rendre fi intéreffans ! Quelle richeffe dans le choix des fabriques, dans la variété des fites ! On reconnoît l'efpèce des arbres à leur forme & à leur feuillé : en voyant ces tableaux, je crois lire les defcriptions que Paufanias fait de la Grèce.

Le Pouffin connoiffoit les refforts les plus cachés de l'art d'émouvoir les hommes; il favoit que nos fenfations font plus ou moins vives, felon l'idée que nous nous faifons de la chofe repréfentée. Je m'explique : un Achille, un Ajax, un Diomède qu'on nous peindroit d'une nature foible & délicate, quelque bien qu'ils fuffent compofés, deffinés, coloriés, nous ne pourrions jamais accorder nos fuffrages à ces figures hétéroclites qui, bien loin de réalifer l'idée que nous avons de ces Héros, la détruiroient entièrement ; car nous ne pourrions jamais nous imaginer que des corps fi débiles aient pu faire les exploits décrits par Homère ; c'est pourquoi rien n'est si choquant, pour un homme de bon sens, que de voir en Italie repréfenter fur le Théâtre, par un Muficien à voix de femme, un de ces Guerriers nommés ci-deffus : il faut exceffivement aimer la Mufique, pour fe prêter à des invraifemblances auffi choquantes. La Peinture n'est point indulgente fur cet article ; tout y doit faire illufion, & l'effet du tableau est manqué, s'il y a des fautes de jugement. Le Pouffin ne craint aucun reproche là-deffus, & peut-être est-il le feul.

Examinez ces étonnans tableaux, le Veau d'or & la Manne : vous croirez être dans le défert où ces fcènes fe font paffées ; il a mis dans ces morceaux tout ce que l'imagination la plus vive & la mieux réglée, tout ce que la force, la juftesse des idées peuvent produire. Quelle vérité dans le choix des attitudes ! Quelle énergie dans l'expreffion ! Un deffin élegant & correct, un coftume exact, point d'épifodes froids & inutiles ; tout ce qui doit y être, s'y trouve à un point de perfection si étonnant, qu'on ne pourroit, sans gâter l'ordonnance, y rien ajouter, ni en souftraire la moindre partie. O Pouffin ! heureux celui qui fait te voir & t'admirer ! c'eft pour lui une source de plaifir.

Cependant la réputation brillante du Pouffin parvint jufqu'au Trône. Louis XIII, qui vouloit de plus en plus faire fleurir la Peinture qui, depuis que le Vouet étoit revenu d'Italie, commençoit à briller en France, donna des ordres au Surintendant de fes Bâtimens d'appeler à Paris le Pouffin, pour lui confier la décoration de la grande galerie du Louvre, & le charger de plufieurs autres ouvrages. Cet Artifte fage & réfervé, qui prévoit les défagrémens que la méchanceté lui donnera, élude, autant qu'il peut, le déplacement qui doit lui ôter le repos dont il jouit à Rome. Peu fait pour la Cour, il en méprifoit le manége ; mais une Lettre des plus gracieufes de la main du Roi, le détermine. Il étoit François ; il fait apprécier l'honneur qu'il reçoit ; il part, il arrive à Fontainebleau : un carroffe du Roi l'attend, & le conduit à Paris. Le Cardinal & le Surintendant le comblent de careffes & de diftinctions ; on lui donne un logement aux Tuileries. Trois jours après, il va à Saint-Germain ; on le préfente au Monarque, dont il eft reçu de la manière qui pouvoit flatter davantage un homme qui, comme le Pouffin, ne devoit qu'à fon feul mérite tous les honneurs qu'on lui faifoit. Le Roi le nomma fon Peintre ordinaire, lui donna une penfion de trois mille livres. Il lui ordonna deux tableaux ; l'un pour la Chapelle de Saint-Germain, & l'autre pour Fontainebleau. Les fujets furent bien choifis, & plurent au Pouffin ; car le fuccès dépend plus qu'on ne penfe de ce choix. Le tableau pour Saint-Germain repréfente la Cène ; c'eft un des plus beaux que ce Peintre ait faits : toutes les parties de la Peinture y font traitées en grand Maître, même le coloris ; mais ce morceau fe diftingue fur-tout par le plus favant clair-obfcur. Un tableau qu'il fit dans le même temps pour le Noviciat des Jéfuites qui, mis en parallèle avec un tableau

du

du Vouet, emporta, comme le précédent, tous les suffrages, & prouva sans retour, à toutes les personnes les moins prévenues pour le Pouffin, la supériorité étonnante qu'il avoit sur tous les autres Peintres, dont la jalousie, déjà fort grande, fut encore excitée par les grâces & les distinctions que le Roi lui accordoit. Le Vouet, dont l'École nombreuse s'est illustrée par les grands Peintres qui en sont sortis, faisoit décrier par ses Élèves les ouvrages du Pouffin. Mais ces hommes célèbres, qui depuis ont fait tant d'honneur à l'École Françoise qu'ils ont formée, étoient jeunes; ils ne voyoient & ne jugeoient rien que par la paffion de leur Maître; ils étoient les inftrumens de sa jalousie. Le Vouet, qui certainement ne pouvoit pas se diffimuler combien ce grand homme lui étoit supérieur, & dont il admiroit à coup fûr les talens, cherchoit par la critique qu'il en faifoit, à calmer le chagrin dont il étoit dévoré. Voilà l'homme! il eft injufte par amour - propre.

Le Pouffin étoit exceffivement occupé;

il avoit befoin de toute fon activité pour fubvenir à tous les travaux dont il étoit chargé ; car indépendamment des tableaux auxquels il travailloit avec affiduité , il deffinoit pour les tapifferies , pour les frontifpices des Livres qui s'imprimoient au Louvre , & il dirigeoit les ouvrages de la grande Galerie , qu'on exécutoit fur fes deffins ; car il avoit fait abattre ce qu'on avoit commencé fur ceux de le Mercier , premier Architecte du Roi , affez bon Maçon , mais qui n'avoit aucun talent pour la Décoration. Cet Architecte fut très-fenfible à l'extinction de fon ouvrage. L'ignorance dévoilée eft implacable dans fa haine ; elle fe croiroit avilie & déshonorée , en fe corrigeant fur les avis qu'on lui donne ; elle regarde comme une infulte ce que les gens d'un vrai mérite reçoivent toujours avec reconnoiffance pour des leçons.

L'envie , ce monftre qui fe ronge continuellement fans jamais fe confumer , donna le fignal de ralliement à tous ceux que le Pouffin éclipfoit par fes talens : ils décrient avec effronterie fes ouvrages , & parviennent à force de méchanceté, à se faire croire par des gens qui manquant de lumière, ne sont éclairés que par des feux folets dont la cabale se sert pour les éblouir.

Le Poussin avoit regardé les menées sourdes de ses ennemis, avec assez de tranquillité ; mais les dégoûts qu'on lui donnoit, sa gloire intéressée à détruire les critiques fausses & malignes qu'on faisoit de ses ouvrages, le refroidissement du Surintendant, qui avoit prêté l'oreille à des discours aussi adroits que méchans *(18)*; son caractère franc & honnête, ennemi de toute tracasserie, le déterminèrent à écrire pour se justifier. Et de quelle faute ! D'avoir plus de mérite que ses adversaires. Le Poussin obligé de justifier ses ouvrages ! Ouvrez les yeux, hommes foibles, & rougissez.

Le Carrache, ce Restaurateur de la Peinture, avoit succombé sous la cabale de Peintres médiocres & intrigans, & on avoit abattu à Naples les ouvrages du Dominiquin, son digne Élève ; c'étoit avec raison que le Poussin comparoit les défagrémens qu'il effuyoit avec ceux dont ces deux habiles Peintres avoient été les victimes. Eh! combien de grands hommes ne l'ont pas été, la victime de l'intrigue & de la cabale ! Vitruve, qui a tant fait d'honneur au fiècle d'Augufte, étoit à peine connu de cet Empereur ; & la Phèdre de Pradon fut un temps préférée à celle de l'immortel Racine. C'eft à vous que je m'adreffe, hommes puiffans, hommes en place, vous qui ne pouvant pas tout voir, ni tout connoître par vous-mêmes, êtes continuellement en butte à la fraude, faites-vous lier au mât du vaiffeau, pour vous garantir du chant féducteur des Sirènes, & par cette précaution fauvez une foule de gens de mérite de la dent enfanglantée des monftres qui cherchent à les dévorer. Confole-toi, Vertueux Pouffin, la vérité prendra ta défenfe; elle te vengera, elle diffipera les ténèbres dont tes ennemis s'enveloppent pour t'attaquer; elle les pourfuivra jufque dans l'antre où ils fe cachent pour éviter fa lumière, & ils y demeureront en proie à la honte & au mépris.

Enfin cet homme fage & patient, pouffé à bout, peu fait pour le genre de vie qu'il menoit à la Cour, follicite une permiffion pour aller à Rome chercher fa femme : il l'obtient, & part ; mais à peine y fut - il arrivé, que la mort du Cardinal de Richelieu & celle du Roi, lui rendirent une liberté après laquelle il foupiroit. On le rappelle, mais il refte à Rome ; il étoit trop fage pour fe rembarquer fur une mer orageufe, où le Vaiffeau de la candeur & de la bonne-foi n'ont prefque jamais pu fe préferver du naufrage.

Rentré dans le fein du repos, le Pouffin reprend fes occupations favorites, il montre de plus en plus l'excellence de fes talens ; méprifant la fortune, il n'aime que la gloire ; il marche d'un pas affuré vers l'Immortalité, feule récompenfe qu'il ambitionne. Son défintéreffement eft auffi connu qu'incompréhenfible à ces ames mercenaires qui regardent avec indifférence les éloges de la poftérité.

Arrêtons-nous, & admirons ces Scènes pathétiques & attendriffantes, à peu -près

les mêmes pour le sujet, mais qu'il a su sa-
vamment varier ; preuve incontestable d'un
génie riche & supérieur ; la mort de Germanicus, l'Extrême-onction, & le testament
d'Eudamidas. Quelle noblesse dans la mort
de Germanicus ! quel tendre intérêt nous
inspirent les tourmens qui déchirent les
entrailles de ce Prince malheureux, les
délices des Citoyens & l'idole de l'armée !
Notre ame émue ne peut contenir son
indignation ; elle abhorre la jalousie cruelle
de Tibère & le crime de l'exécrable Pison.
Tout est sublime dans ce Tableau. Avec
quelle savante adresse le Poussin a su cacher
le visage de ce guerrier qui parle à Germanicus ! son bras naturellement élevé, en
nous instruisant du sujet de son discours,
laisse à notre imagination le soin de peindre
l'expression enflammée de sa physionomie.
Dira-t-on qu'en couvrant le visage d'Agripine, il ait imité Timante ! je soutiens que
non, & qu'il est naturel que cette Princesse
cherche à dérober à son époux l'excès de
la douleur qui l'accable, pour ne pas augmenter la sienne : c'est multiplier notre

affliction; c'eſt la porter à ſon comble, que d'en laiſſer voir toute l'étendue aux perſonnes qui nous ſont chères. Mais ce n'eſt pas encore là le ſeul motif qui a déterminé le Pouſſin à cacher le viſage d'Agripine; s'il eût découvert le viſage de cette Princeſſe, il partageoit l'intérêt, il coupoit, pour ainſi dire, l'action, il auroit détruit l'unité; ce qui eût été une faute que cet habile homme n'avoit garde de commettre. Il connoiſſoit trop bien les principes de ſon Art : il falloit que le principal intérêt vînt de Germanicus; il faut que cette figure attire d'abord tous les regards & toute la pitié du ſpectateur. C'eſt un trait ſublime; c'eſt un coup de maître & de grand maître. Ce Peintre ſavant n'eſt point plagiaire, tout lui appartient dans ſes ouvrages, il ne reſſemble à perſonne, ſes idées ſont priſes dans la Nature; il a ſu lever le voile qui la cache aux yeux des génies médiocres; il a fouillé dans les tréſors qu'elle abandonne à ceux qui ſavent les découvrir; c'eſt-là qu'il a puiſé cette richeſſe ſimple, noble & ſublime; caractère du vrai beau, qu'on trouve &

qu'on admire dans fes ouvrages. Tout dans
fes compofitions y eft comme il doit être,
fimple ou naïf, noble ou majeftueux, tranquille ou animé; c'eft par-tout l'expreffion
de la Nature, mais de la Nature ennoblie
par un choix fage & favant.

Regardez Eudamidas palpitant, prêt à expirer, & vous verrez un exemple frappant
de ce fimple fublime (19), plus facile à
fentir qu'à décrire. Quelle expreffion dans
la mère de ce citoyen de Corinthe ! que
l'anéantiffement de toutes fes facultés eft
frappant ! elle paroît tranquille, mais elle
fuccombe à l'excès d'une douleur d'autant
plus vraie, qu'elle eft fans fafte. Quel naturel dans l'attitude de la fille ! fon expreffion eft vraie, le jet & l'agencement de fes
draperies eft de toute beauté ; Eudamidas
m'intéreffe, au point qu'il me communique
les douleurs qu'il reffent ; j'entends, pour
ainfi dire, les battemens de fon cœur. Qui
peut mettre plus de vérité dans l'attention
qu'on voit fur la phyfionomie du Médecin
& de la figure qui écrit ! Tout, jufqu'aux
acceffoires, eft expreffif. Le bouclier & la

lance attachés au mur, augmentent infini-
ment l'intérêt de cette scène touchante;
ces armes nous peignent l'amour de la
Patrie, pour laquelle chaque citoyen étoit
toujours prêt à verser son sang. Eudamidas
étoit indigent, & tout dans ce tableau
montre l'indigence, mais décemment &
sans inspirer le dégoût. Quelle savante &
sage distribution d'ombres & de lumières!
Dans ce tableau tout est fait avec un art
si merveilleux que l'Art même y fait dis-
paroître l'Art.

Le tableau de l'Extrême-onction eût
suffi seul pour rendre le Poussin immortel.
Que celui qui peut voir sans la plus vive
émotion, sans partager l'affliction de cette
famille désolée autour de son Chef mourant, est à plaindre! il n'est pas digne de
regarder ce morceau sublime : la Nature
lui a refusé un cœur. Ah! que le reproche
qu'on a fait à son Auteur d'avoir imité un
bas-relief antique représentant la mort de
Méléagre (2 0), lui fait d'honneur; & qu'il
est glorieux de savoir imiter ainsi! J'ai les
trois tableaux dont je viens de parler sous

les yeux, mon cœur eſt froiſſé; j'écris, &
je répands des larmes. Rendre compte de
tous les tableaux qui ſont ſortis de la main
du Pouſſin, c'eſt faire l'énumération d'autant de chef-d'œuvres. Les ouvrages de ce
grand Peintre, ſans doute, ne ſont pas ſans
défauts; vouloir le diſſimuler, ce ſeroit
affoiblir ſon Éloge; rien n'eſt parfait dans
les ouvrages des hommes; la perfection
appartient à la Divinité ſeule; mais par
combien de beautés ces petites taches ne
ſont-elles pas effacées !

On a principalement critiqué ſon coloris,
& ce n'eſt pas tout-à-fait ſans raiſon; mais
dépendoit-il de lui de bien colorier? c'eſt
ce que je vais examiner. Le Pouſſin, ad-
mirateur du Titien, copia d'abord quelques
tableaux, d'après ce chef des coloriſtes,
qu'il imita & dont on voit des traces dans
les ouvrages qu'il fit alors (21); mais ce
coloris n'étant que précaire, s'échappa à
meſure qu'il perdit de vue le Titien, &
qu'il ſe perfectionnoit dans le vrai beau;
car le coloris ne s'apprend pas, mais il ſe
perfectionne lorſque la Nature a doué

l'artifte d'un organe jufte & fin, capable d'en pénétrer toute la magie : fans cet organe, point de coloris que d'imitation d'après tel ou tel maître ; & ce coloris factice dégénère toujours dans un affemblage mécanique de teintes brillantes, employées fans variété & fans génie, outrées par l'imitateur. Je ne crains pas qu'on regarde ma propofition pour un paradoxe, fi on confidère fans pré-vention la manière uniforme dont chaque maître a vu la Nature ; preuve du penchant que nous avons pour une couleur plutôt que pour une autre. On fera convaincu que ce penchant vient d'une analogie entre notre œil & telle ou telle couleur ; car chaque maître a cru voir la Nature comme il l'a repréfentée (22). Qu'on ne croie pas que je prétende juftifier le Pouffin, je le plains feulement du peu de fuccès qu'il a eu dans cette partie de la Peinture, gé-néralement la plus féduifante ; mais qui n'en eft pas la plus effentielle, fur-tout dans la Peinture dramatique. C'eft la correction, l'élégance du deffin, la jufteffe des propor-tions, la force & la vérité de l'expreffion qui nous faififfent, & qui communiquent à notre ame le mouvement des paffions qui agitent les perfonnages qui font fur la fcène. Je crois pouvoir dire que la preuve la plus fûre, la plus inconteftable de ce que je viens d'avancer, eft l'examen impartial des Eftampes gravées d'après les maîtres qui n'ont été que coloriftes, mifes à côté de celles du Pouffin; les premières privées des charmes du coloris, feront peu de fenfation; mais un feul coup-d'œil jeté fur les fiennes, décidera la queftion à l'avantage de ce grand Maître. Et vous, froids critiques, criez par-tout que fon deffin eft dur, qu'il tient du marbre, qu'il eft peu varié dans fes airs de tête, qu'il eft prolixe dans les plis de fes draperies; je l'ai déjà dit, par combien de beautés réelles ces défauts ne font-ils pas rachetés! en fuppofant même qu'ils foient tels que vous l'affurez avec ce ton de confiance & perfuafif que vous poffédez fi bien; taifez-vous, vous qui faites vos efforts pour découvrir dans un tableau cent petits défauts, & qui n'avez pas affez de goût pour y découvrir une seule des perfections qui s'y trouvent. Fuyez, vous dis-je, vous, qui gonflés d'un amour - propre monstrueux, vous privez vous-mêmes de ces délicieuses jouissances, faites pour l'homme juste & impartial ; croyez-vous que votre ignorance & votre malignité vous donnent les lumières du vrai connoisseur ? Critiquez, si vous l'osez, cet ingénieux tableau des quatre Saisons, qui forment une danse au son de la lyre, pincée par le Temps *(23)*, fait par les Graces naïves qui présidèrent aux productions du Prince des Peintres grecs. Tu le réclamerois comme tien, o Appelles ! & si on l'eût trouvé de nos jours dans les ruines d'Herculanum, il auroit ajouté à ta réputation si justement célébrée par toute l'antiquité.

Plus le Poussin vieillissoit, plus il sentoit augmenter l'amour qu'il avoit pour son Art ; ses idées devenoient tous les jours plus grandes, plus pures & plus sublimes, mais la glace de l'âge annonçoit à cet Athlète qu'il falloit quitter l'arêne. Hélas ! rien n'échappe à la destruction. Cet homme célèbre gémissoit de ne pouvoir plus exécuter que d'une main tremblante *(24)* ce que son imagination brillante enfantoit : son génie mâle & vigoureux ne se ressentoit pas de la cruelle maladie qui affoiblissoit ses facultés physiques , & qui le conduisoit au tombeau. Peintre célèbre & vertueux, homme vraiment philosophe, tu sens approcher ta fin avec tranquillité; tu vois la gloire te sourire en formant ta couronne, elle en détache une branche qu'elle destine à Jouvenet *(25)*, ton compatriote, & tu n'en es point jaloux! Tu expires *(1695)*! la gloire part d'un vol rapide, & va graver ton nom sur une table d'or, dans le temple de l'Immortalité.

N O T E S.

(1), IL est nécessaire , pour l'exactitude de l'Histoire, de détruire une erreur qui s'est glissée & perpétuée de Copiste en Copiste , sur la distinction que Louis XIII accorda au Poussin, lorsque ce Peintre célèbre lui fut présenté à Saint-Germain. Tous les Historiens qui ont écrit la vie de cet

Artiste, excepté M. Perrault, dans ses Hommes
Illuftres, ont dit que le Roi le nomma fon premier Peintre, c'eft une erreur; car lorfque le
Pouffin vint en France, le Vouet étoit bréveté
premier Peintre du Roi. Ces Écrivains n'ont pas
fait attention à la Lettre que le Monarque écrivit
de fa propre main au Pouffin, qui eft pofitive fur
ce point, & dont voici les propres mots : « Nous
vous faifons cette Lettre pour vous dire que «
nous vous avons choifi & retenu pour l'un de «
nos Peintres ordinaires, & que nous voulons «
dorénavant vous employer en cette qualité, &c. »
Voilà qui eft pofitif. Il eft bien étonnant que
M. Félibien, fi exact d'ailleurs, ait dit : « Voulant
lui donner encore des marques plus particulières «
de fon eftime, il le déclara fon premier Peintre «
ordinaire, &c. » Tous ceux qui ont écrit depuis,
comme j'ai dit plus haut, fe font copiés les uns les
autres, & tout récemment l'Auteur d'un Ouvrage
intitulé : *Effai fur la Vie & les Tableaux du
Pouffin; à Rome, 1783, &c.* Voyez Piganiol
de la Force.

J'ai cru néceffaire d'éclaircir ce point d'Hiftoire,
pour que ceux qui écriront à l'avenir fur la Vie du
Pouffin, ne tombent plus dans l'erreur que je
viens de relever.

(2). Je n'ai pas cru pouvoir donner une idée
plus jufte de l'excellence de la Peinture, que de
préfenter aux yeux de mon Obfervateur les tableaux
que la Nature nous offre dans les différens afpects
où nous la voyons; j'ai cru que c'étoit le plus

sûr moyen de faire connoître la sublimité de cet Art, dont les difficultés sont généralement si peu connues, & de fixer par-là l'estime qu'on doit avoir des peines que le Peintre éprouve pour réuffir : peu de personnes savent les études profondes qu'il doit faire pour produire un tableau qui, sous l'apparence de la facilité, cache la fatigue du génie qui l'a produit.

(3). La vue des tableaux du célèbre Claude Lorrain & de Salvator Rose, qui ont rendu ces scènes touchantes, avec tant de vérité, convaincra de la magie enchanteresse de la Peinture.

(4). Je suis persuadé qu'on ne peut effectivement se faire une idée bien juste de l'étonnement où seroit un homme de bon sens, dans la situation où j'ai mis mon Observateur, qui, pour la première fois, verroit de beaux tableaux.

(5). On me rendroit peu de justice, si on croyoit que je méprise ces charmans tableaux. J'ai seulement voulu dire que quand on les a vus une fois, on a tout vu, & que l'imitation de ces sortes d'objets est bien moins difficile ; car la variété que la Nature a mise dans ses productions, n'assujétit pas l'Artiste à une imitation strictement exacte. Mais la figure est d'un tout autre genre ; & un Peintre ne feroit pas impunément, sans commettre une faute impardonnable, un membre plus court ou plus long qu'il ne faut ; & si malgré les mesures reçues, il ne lui donne pas des formes élégantes & correctes, selon la nature de la figure qu'il représente, & qu'il mette une tête d'Apollon sur un corps

d'Hercule,

d'Hercule, il se fera siffler : mais ce n'est pas la plus grande difficulté qu'il aura à vaincre, & son ouvrage sera d'un froid insipide, s'il n'est pas animé par l'expression (comme je l'ai dit dans mon Discours) juste de la passion qu'il aura voulu représenter ; & c'est-là l'écueil de beaucoup d'Artistes très-habiles d'ailleurs. Si donc le Spectateur est bien persuadé des difficultés qu'il faut vaincre, il faut nécessairement qu'il ait une estime reconnoissante pour le Peintre qui se donne tant de peine pour lui plaire ; & cependant on déchire dans des critiques aussi méchantes qu'ignobles, des Artistes estimables & savans, qui ont fait les plus grands efforts pour mériter ce degré d'éloges si justement dûs ; & ils sont toujours prêts à chercher les moyens de se perfectionner si on leur offre des observations justes & fondées sur les principes d'un Art si difficile, & qui demande tant de connoissances pour y réussir & en juger sûrement. Je reviens aux tableaux Flamands, si séduisans, à tant d'égards. M. l'Abbé Laugier les compare à la petite monnoie dont on se sert dans le Commerce ; & d'un autre côté, M. Coypel, dans les Discours qu'il a prononcés en 1718 à l'Académie royale de Peinture & Sculpture, se plaint du peu de cas qu'on faisoit de son temps des tableaux Hollandois. Les temps sont bien changés ; mais le goût & le sublime en Peinture reviendront, comme il reparoît dans les ornemens simples & nobles de l'Architecture, que Lajoue & Meissonnier avoient tout-à-fait corrompu avec leur extravagante Rocaille,

D

qui fut adoptée auſſitôt qu'elle parut, tant par la facilité qu'on trouvoit à compoſer des choſes ridicules, que parce que le mauvais goût fait des progrès auſſi rapides qu'ils ſont lents dans le vrai beau de la Nature.

(6). La ſuite des tableaux d'Hiſtoire qui ſe fait pour le Roi, mérite la plus ſincère reconnoiſſance à M. le Comte d'Angiviller, pour les ſoins qu'il ſe donne pour répondre dignement à la bienfaiſance du Monarque. On a dit en Allemagne que M. le Comte d'Angiviller avoit formé le projet, ſous l'agrément du Roi, de faire peindre les plus beaux traits de l'Hiſtoire de France ; projet en partie déjà réaliſé. C'eſt dans ces intéreſſans tableaux, que la Nation jouira de toute ſa gloire, & que notre jeune Nobleſſe, qui eſt ſi avide d'en acquérir, verra ce que peut l'amour de la Patrie, que leur a tranſmis le ſang dont ils ſont ſortis. C'eſt dans ces repréſentations frappantes, qu'ils s'enflammeront à la vue des hauts faits de leurs Ancêtres, ſoit dans l'Épée, ſoit dans la Robe. On ſait ce qu'ont produit chez les Grecs & chez les Romains, les ſtatues élevées aux Héros & aux Hommes célèbres dans tous les genres de vertu.

(7). Cette collection une fois raſſemblée, ſera ſans doute la plus belle & la plus nombreuſe de l'Europe : elle joindra l'agréable à l'utile, & ſera les délices des François & des Étrangers.

Il y a beaucoup de perſonnes qui n'accordent pas aux Peintres l'eſtime qu'ils méritent par leurs talens ; car n'ayant aucune connoiſſance de la Peinture, ils ne font pas de diftinction de Peintre à Peintre ; & il n'y a pas de Ville qui, dans l'opinion de fes Citoyens, ne croie en avoir un excellent. La multitude de gens qui vivent des différentes branches de la Peinture, fait que le monde en général ne s'attache qu'au nom, & tout eft Peintre à fes yeux. Il n'eft donc pas étonnant qu'une femme *(8)* peu inftruite, comme étoit fans doute la Mère du jeune Gentilhomme qui emmena le Pouffin en Poitou, en fît fort peu de cas.

(9). Quoique le Pouffin ait mis quelques années d'intervalle entre les deux voyages qu'il entreprit inutilement pour Rome, je les ai marqués comme s'il les eût faits à peu de diftance l'un de l'autre, ne croyant pas que la Chronologie dût être obfervée à la rigueur, dans un Difcours de la nature du mien. Je fuis fâché qu'aucun Auteur que je connoifle, ne nous ait pas inftruits par quelle fatalité le Pouffin fut obligé de rebrouffer chemin. Si on s'eft bien pénétré de fon caractère, on partage bien fincèrement le chagrin que reffentit ce grand homme dans ces occafions.

(10). Je fuis furpris que le Pouffin n'ait pas été à Fontainebleau, où étoient alors tous les tableaux que le Roi poffédoit, de même que beaucoup de figures moulées fur l'antique ; mais peut-être que fa pofition en fut caufe.

(11). C'eft avec juftice qu'on l'a nommé le *Peintre de la Raifon & des Gens d'efprit.* Il faut convenir que la difficulté qu'il eut à percer, ne doit pas nous donner une haute opinion, ni du

jugement, ni des connoiffances de ceux à qui fes ouvrages ne plaifoient pas d'abord. Il me femble qu'on pourroit les mettre dans la claffe des découvertes les plus utiles qui, dans leur nouveauté, ont attiré pour la plupart tant de contradictions à leur Auteur, & fouvent des mortifications bien humiliantes & très-défagréables.

(12). Il eft certain que le Pouffin retira beaucoup d'avantages de la fociété de ces deux excellens Sculpteurs. Il feroit bien à defirer que les jeunes Peintres s'appliquaffent auffi à modeler; cela les avanceroit plus qu'ils ne penfent dans le Deffin correct & élégant.

(13). Cette méthode que le Pouffin avoit, eft peut-être un des plus fûrs moyens pour faire de grands progrès dans la compofition. La Nature ne peut être obfervée trop fouvent.

(14). Ceci ne doit s'entendre que des ouvrages du Guide, où il a négligé cette jufteffe, cette févérité dans l'expreffion, & le coftume dans les vêtemens, où le Pouffin étoit fi exact.

(15). Tous les tableaux de ce genre que le Pouffin a faits, montrent qu'il étoit auffi bon Poëte dans ceux-ci, qu'Hiftorien dans les autres. Toujours grand, il ne s'eft jamais laiffé féduire par des bizarreries extravagantes, qui dénotent plutôt une imagination déréglée, qu'un génie fécond. Il a traité les fujets galans avec décence, fans leur ôter rien de la gaieté qui doit en faire le caractère.

(16). M. Dagincourt s'eft, à mon avis,

couvert de gloire par cette action qui mérite d'être célébrée : je desire qu'elle soit imitée. Le tombeau que le célèbre Garrick a fait élever à Sakespear, a mis le comble à la réputation que cet Acteur s'est acquise par ses talens & par son respect pour ce célèbre Auteur.

(17). La gratitude que le Poussin montroit en toutes occasions au Chevalier del Pozzo, fait l'éloge de ses vertus : le bienfait accable l'ingrat, mais il ne fatigue jamais l'homme reconnoissant.

(18). Que le Mercier ait été outré de voir ses ouvrages abattus, cela me paroît naturel à un homme qui tient le premier rang de son état. Cet Architecte d'ailleurs n'étoit pas sans mérite, lorsque les règles sûres de l'Art qu'il professoit dirigeoient ses travaux. Mais manquant de goût & d'imagination, il étoit peu propre aux productions où ces deux qualités sont nécessaires. Mais que le Vouet se soit déshonoré en agissant contre le Poussin, comme il a fait, certes je ne le conçois pas, il devoit être persuadé que la vérité perceroit, & découvriroit tôt ou tard ses intentions intéressées. Je ne dis rien de Feuquières. C'étoit un tres-habile homme, mais fanfaron & orgueilleux.

(19). Il faut bien distinguer de ce simple dont je parle, le pauvre, le sec & le décharné, où plusieurs Peintres sont tombés, en cherchant ce simple noble de la Nature : pour le saisir, il faut du génie.

(20). Que cette critique est froide ! L'Art poëtique de Boileau, pour avoir été imité d'Horace,

en eſt-il moins un des plus beaux morceaux du
Parnaſſe François ! Mais la fauſſe critique s'attache
à tout. Imitez comme cela, Peintres de nos jours;
faites-le ſans craindre de paſſer pour plagiaires, &
ſoyez ſûrs des ſuffrages & des éloges de la poſtérité.

(21). Le tableau repréſentant Jupiter, qui ſous
la reſſemblance de Diane ſéduit Caliſto, eſt colorié
dans la manière du Titien. Il a été acheté à Rome
en 1752, & apporté à Paris : les teintes ſont d'une
fraîcheur admirable, mais généralement plus égales
que celles du Titien qu'il imitoit alors. Jacques **Frey**
l'a gravé à Rome, & J. Daullé à Paris.

(22). Je ſuis perſuadé que mon hypothèſe, ſi c'en
eſt une, trouvera peu de partiſans. Il eſt bien vrai
que le nombre de Coloriſtes que les Écoles Véni-
tiennes & Flamandes ont donnés, ſemble démentir
mon opinion ; mais tous les Coloriſtes de ces Écoles,
ſont-ils tous Coloriſtes de génie ? & la plupart
ne ſont-ils pas de ces imitateurs dont je parle.

(23). Si je parois un péu trop partiſan du
Pouſſin, je crois qu'ayant ſes ouvrages ſous mes
yeux, & ne connoiſſant les autres que par des
deſcriptions, on me paſſera cette façon de voir.

(24). C'eſt ce qu'on voit dans ſon tableau du
Déluge, où tout eſt ſublime pour la penſée. C'eſt
dans ce morceau qu'il fait nous émouvoir au-delà
de toute expreſſion, en nous montrant ſous les
traits les plus frappans la Nature expirante, & fré-
miſſante de ſon anéantiſſement total, qu'elle voit

approcher fans efpérance. Non, je ne crois pas que la Poëfie de la Peinture dramatique puiffe être pouffée plus loin.

(25). Il l'a reçue, Jouvenet, cette branche de la couronne du Pouffin; & fi on aime les comparaifons, & que le Pouffin paffe pour le Raphaël François, on peut dire, je crois, que Jouvenet en eft le Carrache.

EXTRAIT des Regiftres de l'Académie Royale de Peinture & Sculpture.

Du 4 Octobre 1783.

EN ouvrant la féance, M. *Guibal*, premier Peintre & Directeur de la Galerie de S. A. S. le Duc régnant de Würtemberg & Teck, a fait lecture à la Compagnie de l'*ÉLOGE DU POUSSIN*, Difcours compofé par lui, & qui a remporté le Prix propofé cette année par l'Académie des Belles - Lettres, Sciences & Arts de Rouen. La Compagnie a été d'autant plus fatisfaite de cet Éloge, que M. *Guibal* y a joint à un ftyle fleuri & animé, une connoiffance profonde de fon Art, & qu'aucune des qualités qui caractérifent le *POUSSIN*, comme Philofophe vertueux & comme grand Peintre, ne font échappées à l'Auteur. L'Académie auroit defiré avoir une feconde Couronne à ajouter à celle dont l'a ceint l'Académie de Rouen ; mais Elle lui a prouvé, par des applaudissemens sincères, tout le plaisir que lui a procuré cette lecture.

Certifié conforme à l'original, ce quinze novembre mil sept cent quatre - vingt - trois. *Signé* RENOU, *Peintre du Roi, & Secrétaire Adjoint de son Académie Royale de Peinture & de Sculpture.*